L'infanterie mécanisée allemande au combat en Afghanistan

Marcel Bohnert & Andy Neumann

L'infanterie mécanisée allemande au combat en Afghanistan

Marcel Bohnert & Andy Neumann

2018

Maison d'édition des anciens combattants
(GermanVeteransPublishing/DeutscherVeteranenVerlag)

Bibliografische Information der Deutschen Nationalbibliothek
Die Deutsche Nationalbibliothek verzeichnet diese Publikation in der Deutschen Nationalbibliografie; detaillierte bibliografische Daten sind im Internet über www.dnb.de abrufbar.

Éditeur: Marcel Bohnert www.Marcel-Bohnert.de
© 2018 Maison d´éditions des anciens combattants : Hambourg
(GVP : GermanVeteransPublishing/DeutscherVeteranenVerlag)

Traduction :
Liliane Aubry-Crasemann , Hambourg / Allemagne
Hervé Chevalier , Hambourg / Allemagne
Nathalie Schultz , Bielefeld / Allemagne
Elaina Sophie Kroll , Grevenbroich / Allemagne

Toutes les photos :
Militaires de la Bundeswehr de la 2ème compagnie d'infanterie de la Task Force Kunduz III
Illustration :
Nathalie Falkowski , Hambourg / Allemagne
Couverture :
Les soldats de la 2ème compagnie de l'infanterie mécanisée de la Task Force Kunduz III**,** 22.08.2011 , Westplatte / Chahar Darreh , Kunduz / Afghanistan
© 2011 Maurizio Gambarini , dpa , Berlin / Allemagne
Design: Michael Loitz 2017 , Hambourg , www.Michael-Loitz.de

Imprimerie: BoD / Books on Demand, Norderstedt

Alle Rechte, insbesondere das Recht der Vervielfältigung und Verbreitung sowie der Übersetzung, vorbehalten. Kein Teil des Werkes darf in irgendeiner Form (durch Fotokopie, Mikrofilm oder ein anderes Verfahren) ohne schriftliche Genehmigung des Verlages reproduziert oder unter Verwendung elektronischer Systeme gespeichert, verarbeitet, vervielfältigt oder verbreitet werden.

Printed in Germany

ISBN 978-3-74315-199-4

Dédié aux anciens combattants
de la Bundeswehr

Table des matières :

(1) Prologue : « Opération Porte »   9
(Kunduz, Afghanistan, septembre 2011)

(2) Introduction : Enjeux des   16
nouvelles guerres

(3) Étapes en amont de la mission de   21
l'infanterie mécanisée en Afghanistan

(4) Engagement d'une compagnie   28
d'infanterie mécanisée :
200 jours à Kunduz

4.1 Préparation opérationnelle   29

4.2 Déroulement de la mission   32

4.3 Résumé de la mission   39

(5) Valeur opérationnelle de la　　　　48
mission de l'infanterie mécanisée
en Afghanistan

(6) Perspectives　　　　70

(7) Épilogue　　　　76
(Airfield Termez, Ouzbékistan, juin 2011)

Auteurs　　　　83
Eléments de bibliographie　　　　89
Information additionnelle　　　　101

(1) Prologue : « Opération Porte »
(Kunduz, Afghanistan, septembre 2011)

Le 9 septembre est un jour qui restera encore longtemps gravé dans la mémoire de beaucoup d'entre nous. Pour de nombreux Afghans aussi, ce jour a une signification particulière : c'est le jour de commémoration nationale en l'honneur d'Ahmad Schah Massoud. Au début des années 1990, le combat contre les troupes soviétiques a fait du Tadjik une figure légendaire et en tant que chef des combattants moudjahidine, il est devenu plus tard la figure emblématique de la résistance contre les talibans. Le 9 septembre 2001, Massoud meurt dans un attentat-suicide à la bombe dans lequel deux kamikazes s'étaient fait passer pour des journalistes. Peu après, le président afghan le déclare officiellement héros national.

Exactement dix ans plus tard, les moteurs de VBC et de véhicules tactiques allemands rugissent dans la province de Kunduz, dans le nord de l'Afghanistan. Depuis presque une décennie, l'armée allemande est aussi impliquée dans la guerre dans l'Hindou Kouch.

Au fil des années, la mission FIAS est passée d'un engagement de stabilisation à vocation humanitaire à une mission de combat dans laquelle des soldats allemands et des alliés ont perdu la vie. En 2010, le général de division de l'époque, Hans-Werner Fritz, avait mis en service les bataillons de formation et de protection allemands : deux groupements tactiques entièrement équipés qui ont opéré en toute première ligne en tant que Task Forces Kunduz et Masar-E-Sharif. Ce n'est que plus tard avec la mise en place de ces deux forces qu'on a tenu compte, au niveau tactique également, de l'évolution des menaces.

Nous faisions partie de la Task Force Kunduz III et commencions le 9 septembre 2011 à l'aube l'« opération Porte » dans le district agité de Chahar Darreh. L'objectif était de récupérer dans la localité d'Isa Khel deux portes de Dingo restées depuis les combats du Vendredi Saint 2010. Ils témoignaient d'un jour sanglant où trois soldats allemands avaient perdu la vie dans de violents combats et où beaucoup d'autres ont été blessés. Après le bombardement de Kunduz en septembre 2009, le Vendredi Saint 2010 est considéré comme une césure profonde et un point d'inflexion pour la perception de l'engagement allemand par l'opinion publique.

La section d'infanterie renforcée Bravo se trouve à présent avec des forces embarquées sur le lieu de l'attentat. Malgré l'heure matinale, le thermomètre a déjà dépassé les 40°C et les soldats, au paquetage énorme, se frayent un chemin jusqu'au village. Les sapeurs et les spécialistes antimines sondent le sol pour détecter les pièges et les véhicules blindés avancent peu à peu sous leur protection en direction du cours d'eau où des fantassins de la compagnie ont découvert les portes il y a quelques semaines. Les unités débarquées conduisent des actions de renseignement auprès de la population et sécurisent l'avancée des véhicules de combat dans toutes les directions. Après avoir récupéré dans cette fournaise les portes pesant plusieurs centaines de kilos – vers 10h30 –, la compagnie est informée qu'un détachement d'éclaireurs de l'escadron de reconnaissance a été l'objet d'un IED-Strike sur le dénommé "haut plateau ouest" près de la localité de Nawabad au cours duquel des soldats allemands ont été blessés. L'opération engagée à Isa Khel a été immédiatement interrompue et après une halte de coordination à la hauteur 432 où des forces d'appui importantes se sont jointes à la section d'infanterie mécanisée Charlie déjà sur place, les forces mises en alerte ont été déployées en toute hâte sur le lieu de l'attentat se situant à quelque dix kilomètres. Le VBCI Marder en tête de convoi est tombé en panne dans un goulot peu avant l'entrée du "haut plateau ouest" suite à la surchauffe du moteur. Le Marder suivant l'a écarté de la route au risque d'endommager l'installation de refroidissement et le convoi a pu continuer d'avancer rapidement. Sur notre route, nous étions accompagnés par des hélicoptères américains Black Hawk qui se sont posés à quelques centaines de mètres du lieu de l'attentat pour évacuer un blessé. Comme c'est souvent le cas, ils ont atterri dans une « zone à haut risque », encourant un risque individuel élevé, mais ont pu ainsi assurer rapidement les premiers soins médicaux.

Après avoir assuré la sûreté dans toutes les directions sur le lieu de l'attentat avec les VBC, nos soldats chargés de la neutralisation des explosifs et munitions ont été déployés pour minimiser le danger émanant d'autres engins explosifs. Les forces de récupération venues du camp de Kunduz ont chargé l'épave du véhicule de reconnaissance sur un véhicule porte-char puis se sont repliées sous notre surveillance. Contrairement à la planification opérationnelle prévue initialement pour la compagnie, la section d'infanterie Bravo s'est ensuite installée en dispositif de nuit sur le "haut plateau ouest" et a envoyé, par visibilité réduite, des patrouilles de reconnaissance légères aux abords de Nawabad pour ôter à l'adversaire tout sentiment de triomphe. Dans la même nuit, une roquette BM1, tirée de la zone nord-est d'Isa Khel, est tombée tout près du camp de Kunduz. Toutefois, l'enquête post-explosion menée dans le village le 11 septembre 2011 en coopération avec des forces de sécurité afghanes n'a apporté aucun résultat. Le soir même, une roquette a de nouveau été tirée en direction du camp. Ensuite, les $2^{\text{ème}}$ et $3^{\text{ème}}$ compagnies ont envoyé en alternance des équipes de tireurs d'élite sous couvert de forces d'infanterie aller s'installer en position d'observation sur Isa Khel. Elles sont certes restées sans résultat de reconnaissance particulier, mais ont néanmoins empêché pour un certain temps que d'autres roquettes soient tirées en direction du campement.

Soldats de la 2ème compagnie dans l'opération de récupération des portes d'un Dingo dans la localité d'Isa Khel où, en 2010, le combat du Vendredi Saint avait eu lieu.

Récupération du véhicule de reconnaissance touché par un engin explosif le 9 septembre 2011 sur le "haut plateau ouest" sous la protection de la section d'infanterie mécanisée Charlie.

(2) Introduction : Enjeux des nouvelles guerres

Le contexte d'opérations asymétriques des nouvelles guerres représente un grand défi pour des forces armées modernes. Beaucoup de conflits actuels ne commencent pas à un moment clairement identifiable, couvent souvent pendant plusieurs années à différents niveaux d'intensité et il est très difficile d'évaluer quel sera leur déroulement. Il est tout autant difficile de définir les lignes de front et de nombreux acteurs aux intérêts opaques profitent des affrontements violents de longue durée. Des combattants irréguliers font fi du droit international humanitaire, se servent d'armements perfides et se mouvent parmi la population civile en petits groupes dynamiques à peine repérables. Pour le moment, il n'y a pas de réponse universelle à la question de savoir comment la communauté internationale des États pourrait réagir le mieux à ces scénarios. Le conflit en Afghanistan a fait apparaître de nombreuses caractéristiques de cette nouvelle forme de guerre. A partir de 2010, on a intégré la stratégie de la contre-insurrection dans la mission FIAS, qui repose sur l'hypothèse que les axes d'effort doivent porter moins sur l'anéantissement de l'adversaire que sur les contacts avec la population pour aboutir à un tournant durable du conflit. Cette approche a contraint les militaires à côtoyer la population au lieu de se cacher dans l'anonymat, p. ex. dans des véhicules tactiques blindés ou derrière les hautes barrières du campement. Cela signifiait parallèlement que ces unités devaient avoir un profil capacitaire particulier et qu'elles allaient être exposées au danger.

Le présent article relate essentiellement la mission de l'infanterie mécanisée des forces armées allemandes en Afghanistan avec l'emploi du VBC Marder. Il exposera tout d'abord les étapes suivies par l'infanterie mécanisée en amont de la mission puis les défis qu'elle a dû affronter par exemple au sein de la Task Force Kunduz III. Ensuite, sa capacité opérationnelle sera évaluée et on précisera ce qu'on pourra éventuellement attendre d'elle dans de futurs engagements. Les propos qui suivent sont alimentés par nos expériences acquises sur le terrain en tant que commandant d'unité et chef de section dans la province de Kunduz dans le nord de l'Afghanistan. Cet article reflète ainsi une approche pragmatique et il faut noter qu'il reproduit plus la vision de la base militaire que celle de la direction politique ou du haut commandement militaire.

Les contacts avec la population et la coopération avec les forces de sécurité afghanes ont été au cœur de la stratégie de contre-insurrection en Afghanistan.

« Boots on the Ground » à Kunduz 2011 – Des patrouilles à pied signifiaient aussi une contrainte plus forte et une exposition accrue de nos militaires au danger.

(3) Étapes en amont de la mission de l'infanterie mécanisée en Afghanistan

La Bundeswehr participe à la mission FIAS depuis 2002 avec, à son début, un contingent de tout au plus 1200 soldats. Ce qui avait commencé à Kaboul avec des patrouilles chaleureusement accueillies, a évolué au cours des années pour aboutir à des combats violents et une guérilla sanglante dans les provinces de Kunduz et de Baghlan. Les attaques récurrentes sur les forces armées allemandes ont d'abord conduit à des réactions incrédules puis la priorité a été mise sur la protection des soldats et on a évité presque toute mission dans les régions dangereuses. Dans un contexte de stratégie politique défensive, les premières demandes en armes plus performantes comme des mortiers, des obusiers blindés ou des Tornados ont été refusées. De même, la projection de VBC a longtemps été repoussée car ils étaient intreprétés comme une escalade du conflit ; on souhaitait en effet que le contingent allemand ne donne pas l'impression d'une troupe d'occupation. De plus, le mauvais état des routes et des ponts ainsi que l'empreinte logistique ont été avancés comme arguments contre leur déploiement sur le théâtre. Sans aucun doute, des voix se sont aussi élevées pour exprimer des doutes justifiés en raison de l'âge avancé des systèmes. Les premiers modèles de série du VBC Marder ont été remis à la troupe en 1971 et la capacité à pouvoir combattre en milieu désertique ne jouait encore aucun rôle dans son développement.

Depuis 2006 déjà, on enregistrait un changement de la situation sécuritaire ainsi qu'un nombre croissant d'attaques directes sur les forces allemandes. Les quatre premiers VBC Marder 1A5 sont arrivés à Masar-E-Sharif fin 2006 et devaient d'abord assurer la protection du campement. A cette époque, leur utilisation était encore soumise à l'approbation du chef d'état-major de la Bundeswehr afin de pouvoir mieux gérer à long terme une possible détérioration de la situation engendrée par leur emploi. Mais la situation continuant de s'envenimer, ils ont été affectés à partir du milieu de l'année 2008 au soutien de la Quick Reaction Force (QRF) du Regional Command North et au printemps 2009, ils ont été transférés à Kunduz où les soldats allemands devaient faire face aux attaques d'insurgés d'une nouvelle dimension. En juillet 2009, les VBC Marder sont entrés pour la première fois en action lorsque des forces de sécurité belges et afghanes ont été libérées d'un guet-apens. Cette première expérience de combat à elle seule a démontré quel était l'énorme impact des VBC contre des forces ennemies. En l'espace d'un an seulement, la QRF a participé dans la région de Kunduz à plus de cinquante actions de feux ainsi qu'à des combats de plusieurs heures dans lesquels les VBC Marder ont pu, à maintes reprises, démontrer leur utilité. Nous exposerons plus en détail dans d'autres chapitres les retours d'expérience et les avantages de l'emploi des VBC.

Le bombardement de Kunduz ordonné par le colonel Georg Klein en septembre 2009 et le combat du Vendredi Saint 2010 ont mis en exergue le changement de stratégie des éléments terrestres allemands en Afghanistan et ont conduit aussi le gouvernement allemand à réviser sa position : dans un court laps de temps, des drones de reconnaissance du type Heron ont été loués et trois obusiers blindés 2000 ainsi que quinze autres VBC Marder ont été déployés dans l'Hindou Kouch. Ainsi, à partir de 2010, les unités de combat des Task Forces Kunduz et Masar-

E-Sharif disposaient chacune d'une section d'infanterie mécanisée avec des matériels majeurs.

Les conditions particulières du contexte d'opération évolutif et complexe en Afghanistan exigeaient un modèle de VBC constamment adapté et ont conduit à quelques valorisations opérationnelles : tout d'abord entre 2002 et 2005, 74 VBC Marder ont été transformés au standard 1A5 grâce à l'ajout d'une protection contre les mines génératrices de souffle et de projectiles. A cet effet, on a isolé le compartiment de combat du châssis, modifié le concept de rangement et fixé l'armature du siège sur le toit en caisson. En outre, étant donné que les très hautes températures dans l'habitacle entamaient fortement la capacité à durer des équipages, la société Rheinmetall Landsysteme GmbH a développé, dans le cadre d'une commande passée en octobre 2009, un système de refroidissement. Les essais effectués par le Centre technique de la Bundeswehr ont permis de certifier l'impact positif du système, mais dans la foulée, on a aussi précisé qu'il était pratiquement impossible de modifier plus amplement la capacité de refroidissement car il s'agissait d'une adaptation de matériels déjà en service. Mais du fait du besoin urgent sur le théâtre et de l'absence d'alternatives, il a bien fallu accepter les défauts et les insuffisances. Le lot d'équipement comprenait également le brouilleur CG12 – un jammer – qui a pu être utilisé dans l'environnement proche du VBC contre des engins explosifs téléguidés. D'autre part, la société Saab-Barracuda a développé un équipement de camouflage fait sur mesure servant d'abord de camouflage mais aussi de calorifugeage. Il a également été testé en 2009 par le Centre technique de la Bundeswehr. Au cours de plusieurs épreuves de roulage, il a été soumis à un contrôle de solidité et de compatibilité technique et ergonomique avec le système. Après quelques améliorations, les VBC Marder en service en Afghanistan ont été équipés d'un filet de camouflage multispectral Barracuda. Fin 2010, les dix premiers Marder 1A5A1 ont été livrés et jusqu'à la fin 2011, 25 autres ont été mis au standard.

Renaissance d'une capacité de combat concentrée : les VBC Marder en octobre 2010 au poste de police du district agité de Chahar Darreh.

Kunduz 2011 : aux premières heures du jour, un VBC Marder se place en poste surveillance. Des valorisations opérationnelles : dispositif de refroidissement, superstructures improvisées et éléments du filet de camouflage Barracuda.

(4) Engagement d'une compagnie d'infanterie mécanisée : 200 jours à Kunduz

En 2010, des soldats allemands en Afghanistan ont livré leurs plus durs combats armés depuis la naissance de la Bundeswehr. A cette époque-là, le 92ème bataillon d'entraînement de l'infanterie mécanisée de Munster reçoit l'ordre de partir l'année suivante pour presque sept mois comme unité pilote dans la province de Kunduz dans le nord de l'Afghanistan pour y prendre le commandement militaire ; il sera ainsi incorporé au 26ème et 27ème contingent allemand de la FIAS. Après huit mois de préparation opérationnelle, toute notre formation, la 2ème compagnie du 92ème bataillon d'entraînement de l'infanterie mécanisée, se retrouvait en juin 2011 comme première unité de la Task Force Kunduz III en Afghanistan et quelques jours après son arrivée, elle commençait ses premières patrouilles dans le district agité de Chahar Darreh. Dans ce qui suit, nous voulons donner un aperçu de la conduite opérationnelle et du mode opératoire de la compagnie pendant son engagement de plus de 200 jours.

4.1 Préparation opérationnelle

Pendant deux reconnaissances sur le théâtre, il nous a été possible de nous faire une image de la situation des compagnies de combat à Chahar Darreh et d'en tirer des conclusions quant à notre propre préparation au combat : au début d'octobre 2010, des unités de parachutistes appuyées par l'infanterie mécanisée combattaient principalement dans la partie sud du district. En particulier grâce à notre intégration dans une patrouille et à la nuit passée au poste de police locale, nous avons pu recueillir de précieuses informations. Celles-ci portaient non seulement sur la nature du terrain, la situation ennemie ou les contraintes très élevées s'exerçant sur les hommes et le matériel, mais aussi sur les objectifs et les progrès de la conduite opérationnelle. Notamment les comptes rendus d'opérations issus de ceux les ayant menées sur le terrain ont montré une vision sans fard de la nouvelle réalité de l'engagement allemand, allant de combats armés de plusieurs jours jusqu'à des attaques avec des engins explosifs improvisés en passant par des escarmouches sanglantes par grenadage. Après un coup d'œil sur la carte de situation et d'après les descriptions des soldats, il s'est avéré que la première Task Force Kunduz avait déjà remporté à cette date plusieurs succès tactiques. Ses forces avait un mode opératoire offensif et patrouillaient à pied (« boots on the ground »). On était bien loin ici du reproche que nos alliés nous faisaient il y a quelques années encore, à savoir que la Bundeswehr se retranchait dans ses campements. Mais le prix à payer par les unités déployées a été les nombreux soldats blessés et traumatisés. Notre unité a pu intégrer les impressions obtenues dans sa formation de préparation opérationnelle.

Quelques semaines avant le début de notre mission, une autre délégation du bataillon d'entraînement de l'infanterie mécanisée s'était rendue à Kunduz afin d'intégrer dans la préparation opérationnelle ces derniers éléments de la réalité, et aussi de permettre aux forces que nous allions remplacer d'exposer les derniers développements de la situation. Ce second voyage de reconnaissance a été assombri par deux attentats à l'explosif dans lesquels des soldats allemands de la Task Force sont morts ou ont été blessés. Pourtant, à notre arrivée, les unités de combat ne se trouvaient pas dans un état de choc, mais semblaient opérer avec une force de frappe inchangée. Nos prédécesseurs avaient pu enchaîner avec l'« opération Halmazag » en novembre 2010 et avaient pris entretemps le contrôle de vastes contrées dans le sud du district de Chahar Darreh. De plus, des opérations étaient déjà en cours dans le nord, toutefois avec toujours de nouvelles attaques et des attentats à l'explosif. Notre objectif était clairement défini : poursuivre la stabilisation dans la partie sud du district et étendre la « Security Bubble » vers la partie nord.

4.2 Déroulement de la mission

Dans les six premiers mois de l'année 2011, sept soldats allemands étaient morts dans des attentats et beaucoup d'autres avaient été blessés, dont certains grièvement. Pour nous, ces attentats représentaient les prémisses de l'offensive des insurgés de la fin de l'été et allaient poser les jalons de notre engagement. Les attentats allaient crescendo : on attaquait de plus en plus souvent les forces de la Bundeswehr avec des engins explosifs improvisés et on évitait les actions ouvertes. De plus, une autre forme perfide de la menace a fait son apparition, qui a coûté en février de la même année la vie à trois soldats allemands et à six autres leur intégrité physique : des attentats perpétrés par des acteurs intérieurs, c'est-à-dire des membres des forces de sécurité afghanes, contre leurs alliés. Ils ont instauré la méfiance et avaient le potentiel de miner le moral des troupes et de saboter la conviction de la pertinence de l'action menée. Nous avons pris quelques mesures qui, au moins, ont pu limiter ce risque. Parmi celles-ci, nous avons compté notamment la mise en place d'un étroit rapport de confiance avec nos alliés afghans.

Les premières patrouilles avec des policiers afghans ont commencé dès la première semaine de l'arrivée des derniers soldats de notre compagnie sur le théâtre. Au début, il s'agissait d'opérations de courte durée à proximité de notre poste de terrain extérieur à Chahar Darreh afin de permettre à nos soldats et aussi au commandant de la compagnie de se familiariser avec le nouvel environnement et de développer une « situational awareness ». Les températures extérieures extrêmes dépassant les 50°C à l'ombre exigeaient une condition physique extraordinaire. Vu la situation de menace, il n'était pourtant pas possible de se passer des casques, des gilets d'armes ou encore des sacs à dos contenant des munitions. Dans le VBC Marder, les températures atteignaient les 80°C (!) ce qui était presque insupportable pour le conducteur et le tireur situés dans la partie avant du compartiment de combat. Les équipements installés ultérieurement par l'industrie et les aménagements apportés par les équipages des VBC Marder ne pouvaient apporter qu'une minime amélioration. Après seulement quelques jours, cette situation n'a pas empêché la compagnie d'opérer sous la chaleur brutale de midi dans la partie sud du district et d'effectuer les premières patrouilles dans le secteur nord. Sur une période de 24 heures, chaque section effectuait deux patrouilles de plusieurs heures de jour ou de nuit ce qui a permis d'accéder rapidement à un haut degré de présence dans la zone de responsabilité. Grâce à un grand nombre d'éléments d'appui, la compagnie a compté par moments jusqu'à 250 hommes sur le terrain et les chefs de section ont commandé jusqu'à 25 véhicules tactiques. Grâce à cette capacité de soutien conséquente, il a été possible d'une part de patrouiller dans les différentes localités avec ces sections renforcées et constamment renouvelées, assurant ainsi une présence presque continue dans la zone de responsabilité du district de Chahar Darreh. D'autre part, la compagnie affichait toujours une force de combat visible ce qui n'était pas sans impressionner la population et l'ennemi.

Dès notre seconde prise de responsabilité de la zone, l'axe d'effort de la conduite opérationnelle a été déplacé dans la partie nord du district. Les patrouilles que nous effectuions dans les localités sud, par exemple Isa Khel, Quatliam ou Haji Amanulla, étaient entretemps devenues la routine alors qu'il y a encore quelques mois, elles auraient donné lieu à des affrontements armés avec les insurgés. Pendant nos premières patrouilles dans le nord de Chahar Darreh aussi, les attaques attendues n'ont pas eu lieu ce qui nous a incité à intensifier la fréquence des patrouilles et à étendre peu à peu la « security bubble » en direction du nord. En peu de temps, nous étions parvenus à établir de bons contacts avec la population de Nahr-i-Sufi, de Sujani ou de Qara Yatim et avons ainsi pu ajouter des pièces au puzzle pour compléter la photographie de la situation. De plus, nous avions pu mener avec la plus grande prudence les premières patrouilles aux abords extérieurs d'une localité qui devait bientôt attirer tous nos regards : Nawabad. Cette bourgade de quelque 10 000 à 15 000 habitants était considérée, en ces mois d'été 2011, comme un haut lieu d'insurgés. Après avoir trouvé plusieurs engins explosifs improvisés et d'après les informations transmises par le service de renseignement militaire, nous savions que nous n'étions pas véritablement les bienvenus. Or, Nawabad étant la ville la plus grande dans tout Chahar Darreh, nous ne pouvions en aucun cas l'ignorer. Au contraire, ici se présentait l'occasion pour nous d'aborder un véritable tournant dans le district. Après quelques patrouilles de jour et de nuit effectuées par de petites unités de la compagnie et après de très nombreux vols de reconnaissance de drones, l'heure était venue de lancer les premières opérations de plusieurs jours. Nous nous étions décidés pour une tactique particulière : contrairement à ce que nous avions fait jusqu'à présent, nous n'allions pas patrouiller de l'extérieur vers l'intérieur de Nawabad, mais nous voulions installer notre PC au centre de la localité et opérer ainsi du centre vers l'extérieur. A cet effet, nous avons installé notre dispositif de défense avec les forces de sécurité afghanes dans plusieurs fermes de Nawabad et à partir de ces « safe houses », nous avons envoyé des patrouilles aux quatre coins de la ville. Seule une section est restée stationnée en permanence sur le plateau désertique de la plaque ouest tout proche pour intervenir comme réserve en cas de besoin. Cette démarche, que nous avons réitérée plusieurs fois au cours de notre engagement et dont nous avons intensifié la fréquence, présentait plusieurs avantages : tout d'abord, du fait de notre présence permanente au sein de Nawabad, nous pouvions entretenir un échange continu avec la population. Il y avait peu de restrictions temporelles comme c'est le cas par exemple pour la durée de patrouilles à cause de la disponibilité limitée des hélicoptères, des drones ou des jets de combat. Notre présence ininterrompue donnait aussi un sentiment de sécurité accru à la population car le danger de représailles de la part des insurgés diminuait. D'autre part, nous pouvions ainsi partir en patrouille à toute heure et dans tous les coins de Nawabad sans préparation perceptible. Cette imprévisibilité était un obstacle pour les forces ennemies qui ne décelaient pas nos manœuvres et ne pouvaient pas engager d'éventuelles contre-mesures. Ceci n'a pas été sans impressionner l'adversaire : à aucun moment, il n'a osé engager de combat ouvert dans Nawabad, mais nous a rendu la vie difficile en parsemant la zone d'engins explosifs improvisés. Nous avons pu trouver beaucoup de ces engins explosifs. A aucun moment, un soldat de la compagnie n'a été blessé ou tué par explosif. Au bout de quelques semaines, la pression sur les insurgés générée par ce type de conduite opérationnelle a même provoqué ce qu'un journaliste américain a caractérisé de « squeeze effect » et ce qui a été ensuite confirmé par le renseignement militaire, c'est-à-dire un repli massif des forces ennemies dans le district voisin. C'était un des plus grands succès pendant notre engagement, ce qui nous a permis de continuer notre avancement vers le nord de Chahar Darreh. A la fin de notre engagement, nous avions effectué plusieurs patrouilles dans presque toutes les localités du district, soit plus de soixante-dix, et établi des contacts avec les populations. Une seule fois seulement, des unités de la compagnie ont été impliquées dans des tirs. Une autre fois, une charge explosive a détonné au milieu d'une section en patrouille. Sinon, nous avons trouvé dix-sept engins explosifs improvisés et éliminé maints déchets de tir et munitions non explosées. Il faut encore ajouter le bilan positif de notre compagnie binôme qui, pendant notre période de régénération, a opéré régulièrement dans le district de Chahar Darreh et avec laquelle nous avons mené des opérations communes de Task Force comme celle de « Desert Dragon » en novembre 2011 sous le commandement du chef de corps. A la fin du contingent, au début de l'année 2012, une grande liberté de circulation était rétablie dans tout le district.

4.3 Résumé de la mission

Le bilan tactique de la Task Force Kunduz III présente notamment des progrès tangibles dus au fait que les forces de sécurité afghanes assument toujours plus des responsabilités de sécurité, qu'une grande liberté de circulation existe désormais dans la partie nord du district de Chahar Darreh, que la ville de Nawabad a été prise et que l'offensive insurrectionnelle dans notre zone de responsabilité a été endiguée en été. Outre les résultats obtenus par nos prédécesseurs, le professionnalisme de nos soldats et bien sûr la part de chance inhérente à notre métier ont été déterminants. Notre action a été certes offensive mais réfléchie : nous avons souvent envoyé des patrouilles, à des horaires fort différents, en dehors des zones d'établissement des postes plus ou moins avancés, et nous avons évolué dans la profondeur. Nous avons à plusieurs reprises conduit des opérations au niveau de la compagnie et de la Task Force au cours desquelles les soldats ont opéré jusqu'à neuf jours durant sur le théâtre. Nous avons ainsi ôté à l'adversaire toute possibilité de prendre une initiative. Une fois seulement, des soldats de la 2e compagnie ont été impliqués dans des actions de feux ; sinon les forces ennemies ont été obligées de recourir à leur tactique perfide consistant à cacher des engins explosifs. Dans trois cas seulement, ils sont parvenus à faire exploser des engins improvisés contre les forces de la Task Force de Kunduz : une fois contre les forces de la section d'infanterie Alpha, une fois contre les forces de la section d'infanterie mécanisée Golf et une fois contre une patrouille de la compagnie de reconnaissance. Comparé au nombre élevé de dispositifs explosifs improvisés que nos soldats ont trouvé, c'est relativement peu.

Nous avons transmis l'« esprit » de notre conduite opérationnelle à nos successeurs pendant les phases de transfert en janvier 2012 et montré quelles actions pourraient maintenant suivre. Ils étaient également déjà venus en reconnaissance, avaient pu voir où en étaient nos progrès et avaient ainsi mieux orienté leur préparation opérationnelle. Comme 200 jours auparavant, le commandant de la Task Force tenait, pendant la passation, à ne pas laisser transparaître de lacunes dans la conduite opérationnelle et à fournir rapidement aux nouvelles troupes informations, équipements et matériels. A la mi-janvier 2012, une compagnie de combat de la Task Force Kunduz IV a pris pour la première fois la responsabilité de la zone du district de Chahar Darreh. Elle devait être la dernière de ce genre. En effet, l'histoire des bataillons de formation et de protection, qui a duré presque deux ans, s'est achevée à l'été 2012 avec le passage à la structure « Partnering and Advisory Task Force ».

Les armoiries de notre unité : le bleu est la couleur de la 2ème compagnie, le « L » signifie qu'elle fait partie du 92ème bataillon d'entraînement de l'infanterie mécanisée appartenant à la 9ème brigade d'entraînement de l'arme blindée, et le faucon, un animal plein de fierté, symbolise notre respect à l'égard de la population afghane et des forces de sécurité afghanes.

Troupes belges débarquées, les VBC de la section Charlie en appui, au début d'une offensive de la 2ème compagnie à Nawabad.

La destruction contrôlée d'un engin explosif improvisé pendant une opération de la compagnie dans le nord du district Chahar Darreh ; photo prise d'un avant-poste de surveillance.

Les soldats de l'infanterie mécanisée ont aussi été déployés comme fantassins : ici pendant une patrouille à pied un jour de grande canicule au nord de Nawabad.

Un troupeau de moutons passe devant une position de surveillance de la section d'infanterie mécanisée Charlie dans le sud du district de Chahar Darreh.

Départ du capitaine Bohnert : paroles d'adieu prononcées par le commandant de la Task Force Kunduz III. Les portes de Dingo récupérées ont trouvé leur place devant le bois d'honneur de la 2ème compagnie dans le camp de Kunduz en souvenir des morts et des blessés des contingents qui nous ont précédés.

(5) Valeur opérationnelle de la mission de l'infanterie mécanisée en Afghanistan

Afin de pouvoir évaluer la capacité opérationnelle de l'infanterie mécanisée avec le VBC Marder, voyons d'abord quelle était l'articulation de notre compagnie, puis analysons les avantages et les inconvénients que nous avons pu observer au cours de notre engagement en Afghanistan. Nous prenons aussi en considération les expériences d'autres contingents et tenons compte non seulement des critères tactiques mais aussi de la valeur des modifications apportées sur les VBC.

Les deux unités de combat de la Task Force Kunduz III sont issues de la 2ème et de la 3ème compagnie du 92ème bataillon d'entraînement de l'infanterie mécanisée. Notre tâche en tant que chefs de compagnie consistait, environ huit mois avant le début de l'engagement, à constituer les compagnies d'infanterie mécanisée, sachant que le nombre maximum de soldats ne devait pas dépasser les 128 pour chaque compagnie, tout en tenant compte du niveau d'instruction de nos soldats, du mode d'action tactique de nos prédécesseurs ainsi que des matériels majeurs à disposition sur le théâtre. Nous nous sommes arrêtés sur une articulation homogène : outre deux sections d'infanterie de 35 soldats chacune et une section d'infanterie mécanisée de 24 soldats, chacune des deux compagnies intégrait un groupe de tireurs d'élite de 12 soldats, en tant que quatrième élément de manœuvre. Il s'est avéré que cette composition était parfaitement adaptée à notre mission à Kunduz. La critique si souvent évoquée avant notre départ, à savoir que les sections d'infanterie mécanisée seraient réduites à des « sections à canons » à cause de leur faible effectif débarqué, ne s'est confirmée en aucune manière pendant notre engagement. A notre avis, l'avantage d'une capacité à durer plus élevée des équipages de VBC, grâce à l'espace suffisant permettant d'entreposer les équipements, les munitions et des articles de ravitaillement, a prédominé et a même encore accru la valeur opérationnelle de la section d'infanterie mécanisée, notamment dans les opérations de plusieurs jours. Pourtant, la réduction du format des sections d'infanterie d'un groupe chacune et le renfort des équipages de VBC par l'ajout de deux véhicules d'infanterie permettant d'accroître les forces débarquées ont été un mode d'action mis en œuvre de temps à autre. De même, des sections d'infanterie ont reçu l'appui de VBC afin d'être équipées d'armes à longue portée et ayant la puissance de feu adéquate. Mais pour que les unités puissent opérer à leur capacité maximale, elles ont été « désorganisées » le moins possible. En fonction de la situation, il est aussi arrivé de combiner l'emploi de la section d'infanterie mécanisée avec celui des tireurs d'élite ou des forces du génie.

Un des avantages principaux de l'emploi de VBC en Afghanistan a été leur impact psychologique sur la population, sur nos partenaires afghans et sur les forces adversaires. Ils pouvaient ainsi être compris comme un argument convaincant quant à notre volonté de combattre les insurgés et d'assurer la protection des autochtones. En effet, dans le cadre d'une démonstration de force, rien que le bruit des chaînes et des moteurs des VBC suffisaient à intimider de loin les forces ennemies. Comme le montrent des rapports d'opération de contingents précédents, les insurgés avaient aussi complètement sous-estimé, au début, la portée et la puissance de feu des armes embarquées, le blindage et les possibilités d'observation des VBC.

Nous avons souvent utilisé la section d'infanterie mécanisée pour surveiller d'autres unités à partir de positions surélevées, ce qui, sans aucun doute, en imposait aux forces ennemies. Et il ne faut pas sous-estimer non plus son impact sur le moral des unités surveillées ou appuyées. La combinaison des éléments puissance de feu, blindage et mobilité constituaient une constellation qui s'est très vite avérée payante aussi à l'Hindou Kouch. En milieu inhospitalier, les VBC ont toujours permis d'avancer rapidement. En ramenant les équipages de VBC à six soldats, on a gagné en espace de rangement, ce qui nous a permis de déployer sur le théâtre la section d'infanterie mécanisée jusqu'à huit jours en toute autarcie et sans réapprovisionnement.

Alors que les munitions de 5,56 mm et de 7,62 mm des armements légers étaient véritablement absorbées par les murs afghans en argile, les balles de 20 mm des canons automatiques de bord et de l'arme antichar guidée Milan pouvaient les transpercer sans grand problème. De plus, le VBC était lui-même aussi capable de casser des murs et d'ouvrir des accès que les fantassins et les autres véhicules tactiques pouvaient ensuite emprunter et l'escouade de tirailleurs « tête sortie » pouvait assumer sa mission d'observation et d'action dans un rayon de 360° ce qui, dans la situation de menace diffuse en Afghanistan, représentait un avantage décisif. A la suite de modifications improvisées (sacs de sable, jute et corbeilles grillagées Hesco), nous avions fait des VBC Marder des postes de combat mobiles qui offraient à l'équipage suffisamment de protection et de possibilités d'action pour mettre en œuvre leurs armes à feu portatives et leurs munitions. Dans les déplacements par voie routière, les véhicules que rencontraient nos VBC – à la différence des véhicules à roues – roulaient à une certaine distance ce qui constituait une protection supplémentaire contre les accidents et contre les kamikazes. Enfin, le VBC Marder a démontré aussi qu'il était apte à franchir des gués profonds et à traverser des cours d'eau. Ainsi, l'infanterie mécanisée a pu franchir la rivière Kunduz à des endroits où les fantassins de la compagnie embarqués sur les VBC Dingo ou Fuchs avaient rencontré de gros problèmes.

Un inconvénient de l'emploi des VBC était, dans un premier temps, que certaines voies ou routes dans la province de Kunduz étaient impraticables pour les VBC. Les ruelles étroites entre des murs en argile et les ponts instables exigeaient une planification soigneuse des opérations et une analyse précise des photos aériennes et de l'imagerie par drones. De plus, les conditions météorologiques et topographiques en Afghanistan ont fait subir aux hommes et aux matériels des contraintes énormes. Nous avons rendu la situation un peu plus supportable en décidant qu'un équipage de véhicule comprendrait seulement six soldats, mais les températures intérieures pouvant atteindre les 80°C signifiaient, surtout pour les conducteurs et les tireurs, un véritable acte de bravoure. Sans allègement vestimentaire dans la cabine, alors que cela signifiait parallèlement une plus grande exposition de ces soldats au danger, personne n'aurait été en mesure d'assumer cette mission. Certes, le dispositif de refroidissement installé ultérieurement était une bonne chose, mais il est systématiquement tombé en panne dans certains véhicules, c'est-à-dire qu'il n'était qu'une aide minime pour une partie des équipages. D'autre part, il freinait la capacité de passage à gué du VBC Marder ce dont il fallait tenir compte lors de la planification des opérations. Ajoutons aussi que les températures extérieures élevées, surtout pendant les mois d'été, provoquaient des pannes sur certains VBC, les systèmes de refroidissement des moteurs n'étant pas conçus pour fonctionner dans un milieu quasi-désertique ce qui occasionnait des problèmes, par exemple l'éclatement de tuyaux de refroidissement.

Les valorisations opérationnelles officiellement réalisées, mais aussi les postes de combat que nous avions mis en place et les autres modifications, se sont avérés indispensables à l'exécution de notre mission, mais augmentaient aussi considérablement le poids en charge de combat des VBC. Par conséquent, notamment lors des phases de fréquents déploiements, il devenait indispensable d'échanger l'intégralité des semelles de chaîne au bout de seulement quelques jours. L'usure des chaînes et des galets porteurs était particulièrement importante. Par ailleurs, les éléments montés en superstructure et les nombreux équipements limitaient considérablement la protection contre les mines. Il était impossible d'utiliser l'espace de rangement de telle manière qu'en cas d'attaque avec des engins explosifs improvisés, les armes, munitions et matériels ne deviennent pas de dangereux projectiles. Mais nous étions prêts à accepter ce risque. En effet, au début de notre mission, nous avions reçu des VBC Marder 1A5A1 modifiés et entièrement neufs venant du dépôt de Kunduz et nous avons immédiatement commencé à réfléchir à la préparation des véhicules tactiques. Il fallait penser à beaucoup de choses : cela allait du combat par-delà la ridelle, le stockage et le rangement de toute la charge de combat, l'accessibilité aux explosifs et munitions ou des lits de camp embarqués jusqu'à l'approvisionnement en eau et en nourriture. Il fallait aussi considérer la possibilité de satisfaire ses besoins naturels, tout comme les options de préparation rapide d'opérations de récupération, la protection contre le soleil et les intempéries, le rangement pour les bouteilles de gaz, les ustensiles de cuisine, les équipements personnels et les appareils auxiliaires tels que le drone tactique Mikado. La moindre petite place devait être utilisée.

En particulier, l'intérieur des véhicules devait être considéré avec le plus grand soin pour conserver la capacité de durer tout en assurant la plus grande protection anti-mines possible. Il faut aussi préciser que les dispositifs optiques du VBC était d'une utilité limitée. En effet, la caméra thermique et le Peri-Z11 sont des dispositifs d'observation obsolètes et éprouvants pour le soldat. Ils ne permettaient au final qu'un agrandissement minime et obligeaient les pointeurs, surtout dans les missions nocturnes de surveillance et de sécurité, à rester pendant des heures dans des positions inconfortables et épuisantes.

Si on compare les arguments invoqués pour et contre l'emploi de VBC en Afghanistan et si on prend en considération les expériences d'autres groupements tactiques, on en arrivera, comme nous l'avons fait nous-mêmes, à la conclusion que leur emploi a constitué une énorme valeur ajoutée et s'est globalement révélé être une excellente solution. Avec son armement et son allure martiale, le VBC Marder a donné aux unités déployées à Kunduz à partir de 2009 exactement ce dont elles avaient urgemment besoin. Les expériences de notre contingent – mais également des autres – ont mis en exergue que le VBC Marder offrait de nombreux usages, qu'il améliorait la capacité de durer et qu'il avait considérablement accru la puissance de combat des troupes. Des équipages de VBC bien formés avec une riche expérience connaissaient très bien ce type de véhicule. Ils pouvaient réparer eux-mêmes les défaillances techniques mineures et maintenir ainsi la capacité opérationnelle de leurs unités et des sections subordonnées. Une technologie plus sophistiquée, en particulier richement dotée en électronique, aurait probablement conduit à des pannes plus fréquentes ainsi qu'à d'autres restrictions. De notre point de vue, les avantages l'emportent nettement sur les aspects négatifs que nous venons de citer.

D'autre part, l'engagement de l'infanterie mécanisée en Afghanistan présentait un avantage certain qui jusqu'ici n'a été mentionné qu'en filigrane. En effet, non seulement elle a su employer à bon escient son VBC dans le combat embarqué, mais elle permet aussi d'être utilisée comme fantassins. La coordination de forces embarquées et débarquées est une des principales compétences des soldats de l'infanterie mécanisée ;

ainsi l'intégration de nombreux éléments d'appui, que ce soit au niveau de la compagnie ou au niveau de la section, ne présentait pas de problème véritable pour nous. Le bon fonctionnement de l'action conjuguée des forces embarquées et débarquées avec d'autres forces était d'une importance vitale dans la mission en Afghanistan – qu'il s'agisse des soldats du génie et du service médical, des artilleurs, d'équipes de drones, de « Female Engagement Teams » ou du « Route Clearance Package ». Ces expériences nous permettent même d'avancer que dans les conflits asymétriques et hybrides, l'infanterie mécanisée est l'arme de la Bundeswehr présentant la plus grande valeur opérationnelle.

Pause en opération : depuis un poste sur le terrain, les soldats de la section d'infanterie mécanisée Charlie attendent les ordres de leur chef de section.

Les soldats de la section d'infanterie mécanisée Charlie ont installé des postes de combat dans la partie arrière du compartiment de combat de leurs VBC et en ont fait ainsi des fortifications mobiles.

Pendant notre engagement, nous avons dû faire face à toute sorte de conditions climatiques extrêmes : le VBC Marder à Kunduz dans la neige au début de l'hiver, en novembre 2011.

L'ADJ Neumann, chef de la section d'infanterie mécanisée Charlie de la 2ème compagnie de la Task Force Kunduz III.

Combat contre la poussière et la chaleur : vue de la partie arrière du compartiment de combat d'un VBC pendant une opération de la compagnie à Kunduz en 2011.

Dans le milieu inhospitalier d'Afghanistan, le VBC Marder tout terrain a pleinement fait ses preuves. Mais vu de loin, son supplément de poids en charge de combat « affaissait » quelque peu sa partie arrière.

Des postes de combat mobiles : les soldats de la troupe ont eux-mêmes improvisé quelques modifications du VBC Marder en Afghanistan.

Chaque tirailleur pouvait aménager son poste de combat sur le VBC Marder comme il l'entendait (appui arme et disposition des explosifs et munitions).

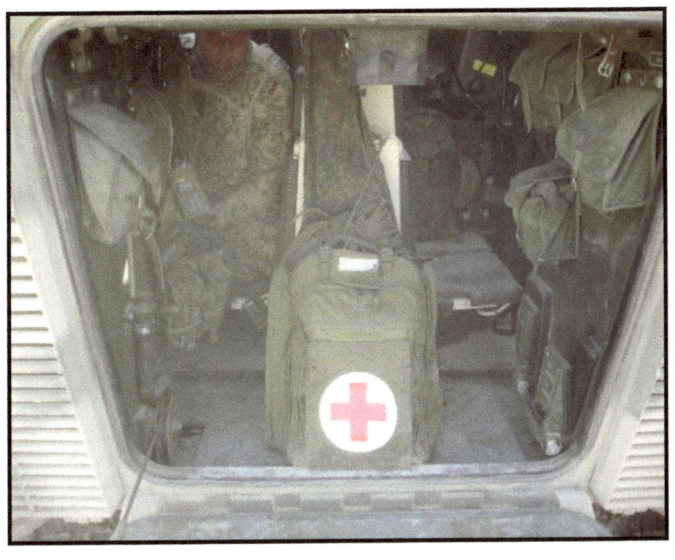

Créativité et esprit d'initiative : pour pouvoir ranger les indispensables sacs à dos sanitaires, les soldats ont retiré les sièges des chefs d'équipe de tous les VBC de la section Charlie.

Pour donner de la place aux appuis armes et camouflages, mais aussi pour obtenir plus de volume de rangement dans les VBC, des treillis Hesco ont été découpés, attachés au VBC, remplis en partie de sacs de sable et recouverts ensuite de toile de jute.

En action conjointe avec les fantassins, l'infanterie blindée du char Marder a pu démontrer aussi en Afghanistan sa valeur opérationnelle maximale.

(6) Perspectives

Avec jusqu'à 5400 soldats déployés simultanément sur le théâtre, les forces armées allemandes ont été le troisième contributeur de troupes en Afghanistan, ce qui les a particulièrement marquées et transformées au cours de la dernière décennie. Les phases successives de leur mission peuvent être subdivisées comme suit : aide humanitaire, période de victimisation et période de combat. Ces périodes présentent des aspects très contrastés, mais elles mettent en exergue que nos forces armées ont été confrontées à beaucoup de nouveaux défis et scénarios, les contraignant à apprendre dans de nombreux domaines. Durant cet engagement en Afghanistan, les militaires de la Bundeswehr se sont montrés à la hauteur de tout l'éventail des tâches à assumer. Ils ont été confrontés à de nombreux challenges relatifs au système de valeurs et de normes en vigueur à l'étranger, à leur rôle hybride comme aides à la reconstruction du pays, médiateurs et combattants ou encore relatifs à la difficile réadaptation en Allemagne. A côté des nombreuses améliorations dans le domaine de l'équipement, de la structure et des soins apportés aux blessés, aux soldats traumatisés et aux familles des soldats tombés au combat, il y a eu entretemps toute une série de développements positifs sur le plan culturel. Toutes les sollicitations vécues ensemble ainsi que les expériences de l'extrême ont fait naître une « génération opération extérieure » responsable et à la personnalité affirmée.

Que le VBC Marder connaisse un renouveau dans le conflit en Afghanistan, beaucoup pensaient que cela relevait de l'impossible. Il était sur le point d'être discrédité et de devenir un vestige de la Guerre froide avant de démontrer dans la mission FIAS qu'il restera un système d'arme éprouvé, aguerri et fiable avec une haute valeur opérationnelle jusqu'à ce que son remplaçant ait acquis sa pleine aptitude à l'emploi opérationnel. Les premiers VBC Puma sont déjà en service dans la troupe, beaucoup d'équipages d'engins blindés étant d'ores et déjà instruits sur ce type. 350 de ces nouveaux systèmes devraient être livrés à la Bundeswehr d'ici 2020. A la fin de la présente décennie, le glas va sonner pour le VBC Marder dans l'infanterie mécanisée après presque 50 années de valeureux et précieux services.

Pour la Bundeswehr et ses alliés, une opération de grande envergure comme l'engagement en Afghanistan est improbable dans un avenir proche. Tout au plus après les déclarations consensuelles du président de la République fédérale, du ministre des affaires étrangères et de la ministre fédérale de la défense en 2014 à la conférence sur la sécurité à Munich, il est toutefois devenu évident qu'à l'avenir, l'Allemagne sera impliquée dans la résolution de crises et conflits au niveau planétaire et qu'elle jouera un rôle actif dans la politique extérieure et de sécurité. Du fait du terrorisme international, des flux de réfugiés et de la menace pesant sur les routes commerciales, de nouvelles guerres ont des répercussions globales et déterminent aussi l'orientation de la politique de sécurité et de défense allemande. La crise persistante entre la fédération russe et l'Ukraine a conduit entretemps à concentrer les efforts sur une conduite de guerre hybride qui lie les scénarios asymétriques des nouvelles guerres à la menace conventionnelle des armées régulières, estompant ainsi les frontières de l'action gouvernementale et non gouvernementale.

Le passage de la mission FIAS à la mission Resolute Support au début de l'année 2015 a mis officiellement fin pour la Bundeswehr au chapitre de l'intervention de combat en Afghanistan. Toutefois, dans le cadre de « Train-, Assist- and Advice-Missions », il n'est pas exclu que des attaques directes soient perpétrées contre les soldats de la Bundeswehr, tout en étant conscient que le menace posée les auteurs d'attentats-suicides ou des acteurs intérieurs reste latente et omniprésente. La distinction entre des missions exclusivement logistiques, médicales et humanitaires et des missions de combat est en fait très difficile à effectuer. Vu les risques diffus, décloisonnés en termes d'espace et de temps et insuffisamment opérationnalisables, il est toujours possible que les engagements débouchent sur des missions engendrant parfois des combats intenses avec des morts et des blessés.

Plus de 50 soldats allemands ont trouvé la mort dans l'Hindou Kouch, 35 d'entre eux ont été tués dans des attentats et au cours d'affrontements. Plus de 300 ont été blessés et beaucoup plus ont été traumatisés. Même si nous n'avons aucun mort à déplorer dans nos rangs, même si nous avons trouvé notre accomplissement professionnel dans l'exercice de nos fonctions et la réalisation de notre mission, l'engagement militaire en Afghanistan a exigé de nous et de nos hommes des efforts extraordinaires. Le profil des connaissances requises pour nos chefs militaires en opération n'est, à notre avis, pas fondamentalement différent de celui du fonctionnement quotidien en Allemagne. La différence essentielle est que, dès le débarquement sur le théâtre d'opération, il n'est plus question d'entraînement et que la moindre petite faute peut avoir des conséquences gravissimes. Outre une solide condition physique, les militaires doivent posséder des forces mentales affirmées. Non seulement pour bien interpréter les ordres et pouvoir les exécuter, mais aussi pour être entièrement concentrés et aptes au combat dès qu'ils quittent le campement. Cette vigilance permanente et le fait de devoir penser constamment à la mission, à l'environnement et à la protection de nos soldats s'avèrent épuisant. On le remarque au plus tard dès le retour en Allemagne.

Nous voudrions achever notre article par un épilogue pour que l'on n'oublie pas les dangers auxquels nos soldats s'exposent en opération extérieure. Le fait de se souvenir des incidents comme ceux cités ici doit contribuer à ce que nous n'oubliions jamais les enseignements tirés de la mission FIAS. Nous en sommes redevables en tout premier lieu à nos camarades morts sur le théâtre, aux familles des soldats morts au combat et aux vétérans.

(7) Épilogue
(Airfield Termez, Ouzbékistan, juin 2011)

Dans un état d'épuisement total, nous attendons sur l'aérodrome ouzbékistanais de Termez, la ville frontière. C'est la base aérienne de la Bundeswehr dans la région où tous les militaires du contingent allemand arrivent avant de s'envoler vers l'Afghanistan et où ils reviennent avant d'être rapatriés en Allemagne. Nous rentrons d'un autre voyage de reconnaissance que nous avons effectué peu de semaines avant le début de notre mission au sein de la Task Force Kunduz III en compagnie de nos prédécesseurs. Notre séjour a été endeuillé par la mort du capitaine Markus Matthes, tué quelques jours avant notre arrivée dans une attaque par engins explosifs improvisés dans le district de Chahar Darreh. Les véhicules tactiques endommagés ont été récupérés et sont encore restés plusieurs jours au sein de la couronne extérieure du campement. C'était maintenant la nouvelle tactique des insurgés dans le nord de l'Afghanistan : si l'année dernière encore, ils menaient des combats ouverts avec la FIAS, ils utilisaient désormais pour leurs attaques des engins explosifs cachés. Ce changement de nature de la menace a dû être communiqué à nos soldats dans les derniers jours de leur formation. Plongés dans nos pensées, nous comparons les notes que nous avons prises et imaginons notre compagnie ici dans moins d'un mois. En attendant, un officier supérieur plus âgé entre dans le hall d'attente et demande aux personnes présentes de rejoindre les bas-côtés du tarmac. Nous nous regardons quelque peu surpris, mais ficelons rapidement notre paquetage et suivons son ordre comme les autres. Quelques minutes plus tard, il revient et nous fait savoir qu'il va nous conduire sur la piste. Nous restons surpris, mais comme il l'a ordonné, nous marchons plusieurs centaines de mètres pour arriver sur un terrain ouvert. Lorsque nous voyons un peu plus loin deux avions l'un en face de l'autre, nous comprenons soudain pourquoi nous nous trouvons dans une formation de plus de 100 militaires en marche vers ces aéronefs. Visiblement, la plupart des autres le remarquent aussi, car un silence de plomb pèse soudain sur les personnes rassemblées. Il devient de plus en plus évident que, dans quelques instants, nous allons former une haie en l'honneur d'un camarade tombé au combat. Début juin, un engin explosif improvisé extrêmement violent d'une charge de plus de 200 kg a anéanti un VBC Marder dans la province de Baghlan, tuant le conducteur de vingt-trois ans, le caporal-chef Alexej Kobelew et blessant en partie gravement cinq autres membres de l'équipage. Nous sommes là, à Termez, et rendons les derniers honneurs au camarade tué au combat. Nous faisons le salut militaire lorsque le cercueil est transféré d'un Transall dans un Airbus. Il va être rapatrié en Allemagne avec nous. Nous empruntons une des sorties de l'aéroport à Cologne-Wahn. Des familles agitent déjà les mains et embrassent, dans la joie, leurs proches revenus. Son cercueil empruntera une autre sortie de l'aéroport. A l'abri des regards du public et des médias, il y sera accueilli par sa famille.

VBC Marder détruit à Baghlan-i-Jadid en Afghanistan, le 2 juin 2011 (Capture d'écran US-MEDEVAC-Vidéo casque-caméra)

Honneurs rendus à un camarade tué au combat

Auteurs

Bohnert, Marcel, commandant, diplômé en sciences pédagogiques, né en 1979 ; a participé au « stage national supérieur d'état-major » (LGAN 2015) à la Führungsakademie de la Bundeswehr à Hambourg ; a été entre autres chef de groupe à la Task Force Zur au Kosovo, chef d'une unité de combat de la Task Force Kunduz en Afghanistan et directeur d'un groupe de division d'étudiants à l'Université militaire de Hambourg ; auteur de nombreux articles sur la mission FIAS et co-éditeur des recueils sur un sujet de discussion controversé « Armee im Aufbruch » (L'armée dans un processus de transformation), « Die unsichtbaren Veteranen » (Les vétérans invisibles) et du compte rendu de mission « 200 Tage Kunduz » (200 jours Kunduz).

Chef d´escadron (DEU) Marcel Bohnert
Chahar Darreh , Kunduz , Afghanistan , 2011

Neumann, Andy, adjudant, né en 1975, chef de section à l'époque où le VBC Puma a été mis en service ; a été chef de la section d'infanterie mécanisée Charlie dans la 2ème compagnie de la Task Force Kunduz III engagée en Afghanistan de juin 2011 à janvier 2012 ; représentant des sous-officiers dans le directoire de l'amicale allemande de l'infanterie mécanisée.

Adjudant-chef (DEU) Andy Neumann
Chahar Darreh , Kunduz , Afghanistan , 2011

Eléments de bibliographie

Beerenkämper, Florian, Bohnert, Marcel, Buresch, Anja & Matuszewski, Sandra (2016) : Der innerafghanische Friedens- und Aussöhnungsprozess. Folgerungen für die künftige Beteiligung an internationalen Operationen zur Krisenbewältigung in fragilen Staaten. Miles : Berlin.

Behr, Thomas (2017): Je schneller, desto besser. Zur Ausrüstungslage des Heeres. Bundeswehr – Magazin des DBwV, 3, p. 10-12.

Blasberg, Anita & Willeke, Stefan (2010) : Afghanistan. Das Kundus-Syndrom. Die Zeit, 04.03.2010.

Blumröder, Christian v. (2015) : Shape, Clear, Hold, Build – Die Operation Halmazag des Ausbildungs- und Schutzbataillons Kunduz, in: R. Schroeder / S. Hansen (ed.) : Stabilisierungseinsätze als gesamtstaatliche Aufgabe Erfahrungen und Lehren aus dem deutschen Afghanistaneinsatz zwischen Staatsaufbau und Aufstandsbewältigung (COIN). Nomos : Baden-Baden.

Brinkmann, Sascha, Hoppe, Joachim & Schröder, Wolfgang (éd. 2013) : Feindkontakt. Gefechtsberichte aus Afghanistan. Mittler : Hamburg.

Brinkmann, Sascha & Hoppe Joachim (2010): Generation Einsatz. Fallschirmjäger berichten ihre Erfahrungen aus Afghanistan. Miles: Berlin.

Bohnert, Marcel (2017) : Die deutsche Bundeswehr und der Einsatz in Afghanistan. Ein kritischer Blick auf die Bewährung der Inneren Führung. Österreichische Militärzeitschrift (à paraître).

Bohnert, Marcel (2015) : COIN an der Basis. Zur Umsetzung des Konzeptes in einer Kampfkompanie der Task Force Kunduz, in: R. Schroeder / S. Hansen (éd.): Stabilisierungseinsätze als gesamtstaatliche Aufgabe Erfahrungen und Lehren aus dem deutschen Afghanistaneinsatz zwischen Staatsaufbau und Aufstandsbewältigung (COIN). Nomos : Baden-Baden, p. 245-258.

Bohnert, Marcel (2014a) : Feinde in den eigenen Reihen. Zur Problematik von Innentätern in Afghanistan. If. Zeitschrift für Innere Führung, 2, p. 5-12.

Bohnert, Marcel (2014b) : Wächter aus der Luft. Drohnen als Schutzpatrone deutscher Bodentruppen in Afghanistan, in: U. Hartmann / C.v. Rosen (ed.) : Jahrbuch Innere Führung 2014. Drohnen, Roboter und Cyborgs. Der Soldat im Angesicht neuer Militärtechnologien. Berlin: Miles, p. 19-34.

Bohnert, Marcel (2014c): Warum ich Soldat bleibe. Loyal – Magazin für Sicherheitspolitik, 10, p. 24-26.

Bohnert, Marcel (2014d) : Zur Notwendigkeit lagebezogener Einsatzregeln für Soldatinnen und Soldaten in Auslandsmissionen, in : F. Forster / S. Vugrin / L. Wessendorff (ed.) : Das Zeitalter der Einsatzarmee. Herausforderungen für Recht und Ethik. Berlin : Berliner Wissenschafts-Verlag, p. 131-140.

Bohnert, Marcel (2013a) : Armee in zwei Welten, in : M. Böcker / L. Kempf / F. Springer (ed.) : Soldatentum. Auf der Suche nach Identität und Berufung der Bundeswehr heute. Olzog : Munich, p. 75-89.

Bohnert, Marcel (2013b) : Die Multiformträger. Anmerkungen zur Anzugordnung in Afghanistan. Der Panzergrenadier, 34, p. 35-37.

Bohnert, Marcel (2012a) : 200 Tage Task Force Kunduz. Einsatzverlauf in der 2. Infanteriekompanie. Der Panzergrenadier, 33, p. 67-75.

Bohnert, Marcel (2012b) : Gemischte Patrouille in Kunduz. Ein schweißtreibender Auftrag. Pioniere – Magazin der Pioniertruppe und des Bundes Deutscher Pioniere, 6, p. 14-16.

Bohnert, Marcel (2012c) : Von Kunduz nach Munster. Einsatzresümee der 2. Kompanie. Der Panzergrenadier, 32, p. 64-66.

Bohnert, Marcel, Dohmeyer, Floris & Schröder, Friedrich (2011) : Aufstellung und Ausbildung einer Infanteriekompanie für die Task Force Kunduz. Der Panzergrenadier, 29, p. 61-65.

Bohnert, Marcel & Schröder, Friedrich (2011) : Ein Einsatz, zwei Welten. Drinnies und Draußies in Afghanistan. Zu gleich – Zeitschrift der Artillerietruppe. 2, p. 6-9.

Bohnert, Marcel (2011) : In der heißen Zone. Die ersten Monate der 2. Infanteriekompanie im Kunduz. Der Panzergrenadier, 30, p. 37-42.

Brügner, Gunnar, Grohmann, Hans-Christoph & Hecht, Jan (2010) : Schützenpanzer Marder 1A5: Erfahrungen aus dem Einsatz. Strategie & Technik, 6, p. 51-64.

Buske, Rainer (2016) : Anforderungen an den militärischen Führer im Einsatz, in:
M. Bohnert / B. Schreiber (éd.) : Die unsichtbaren Veteranen. Kriegsheimkehrer in der deutschen Gesellschaft. Miles : Berlin, p. 59-70.

Buske, Rainer (2015) : Kunduz. Ein Erlebnisbericht über einen militärischen Einsatz der Bundeswehr in Afghanistan im Jahre 2008. Miles : Berlin.

Chauvistré, Eric & Bangert, Christoph (2012) : Auf Montage. NEON, 1, p. 20-30.

Cihar, Jan (2010) : Die 2./PzGrenBtl 122 im Einsatz als 2./Infanteriekompanie PRT Kunduz. Der Panzergrenadier, 28, p. 77-79.

Clair, Johannes (2012) : Vier Tage im November. Mein Kampfeinsatz in Afghanistan. Econ : Berlin.

Clair, Johannes (2014) : Geleitwort, in: :
M. Bohnert / L.J. Reitstetter (éd.) : Armee im Aufbruch. Zur Gedankenwelt junger Offiziere in den

Kampftruppen der Bundeswehr. Miles : Berlin, p. 13-14.

Demmer, Ulrike, Gebauer, Matthias & Goetz, John (2010) : Faustgroße Löcher. Der Spiegel, 22, p. 43.

Friederichs, Hauke (2011) : Die Kämpfer schimpfen auf die Lagerbürokraten. Die Zeit, 04.02.2011.

Gambarini, Maurizio (2011) : Hoffnung für Afghanistan. Bundeswehr aktuell, 19.11.2011, p. 11.

Grohmann, Hans-Christoph (2011) : Führung im Gefecht. Erfahrungen und Gedanken zur Verantwortung und Belastung des militärischen Führers. Der Infanterist, 29, p. 21-27.

Hecht, Jan (2013) : Das Wertvollste an der Front. Loyal – Magazin für Sicherheitspolitik, 3, p. 12-15.

Hilmes, Rolf (2011) : 40 Jahre Schützenpanzer Marder. Strategie & Technik, 5, p. 21-24.

Holz, Nicolas (2010): Die verstärkte 2./Quick Reaction Force 4 in Kunduz. Der Infanterist, 28, p. 28-32.

Janke, Ralf (2012) : Erprobung und Abnahme Raumkühlanlage SPz Marder 1A5. Erprobungsbericht / Abschlussbericht. BAAINBw/WTD41 : Trier.

Janke, Ralf (2010) : Überprüfung Multispektrale Tarnabdeckung SPz Marder 1A5. Erprobungsbericht / Abschlussbericht. BAAINBw/WTD41 : Trier.

Krüger, Thomas (2010) : Vom Kampf in Kunduz. Y – Magazin der Bundeswehr, 4, p. 68-70.

Kuhn, Marc (2014) : Über den Horizont. Ansichten eines Laufbahnverräters, in: M. Bohnert / L.J. Reitstetter (éd.) : Armee im Aufbruch. Zur Gedankenwelt junger Offiziere in den Kampftruppen der Bundeswehr. Miles : Berlin, p. 41-52.

Lindemann, Marc (2015) : Rückblick auf einen Krieg. Y – Magazin der Bundeswehr, 2, p. 26-33.

Mann, Robert Clifford (2014) : German Warriors, in: M. Daxner (éd.) : Deutschland in Afghanistan. BIS : Oldenburg, p. 139-153.

Matz, Michael (2011) : Jägerregiment 1. Im Einsatz als Quick Reaction Force RC North. Strategie & Technik, 1, p. 20-24.

Münch, Philipp (2015): Die Bundeswehr in Afghanistan. Militärische Handlungslogik in internationalen Interventionen. Rombach: Freiburg i.Br.

Nowitzki, Manja (2012): Die Angst ist täglicher Begleiter. Schweriner Volkszeitung / Nordkurier, 24.01.2012, p. 3.

Piener, Michael (2009) : Der I. Zug der 4./PzGrenBtl 122 im Einsatz als H-Zug der I. Infanteriekompanie PRT Kunduz. Der Panzergrenadier, 28, p. 80-83.

Reichelt, Julian & Meyer, Jan (2010): Ruhet in Frieden, Soldaten! Wie Politik und Bundeswehr die Wahrheit über Afghanistan vertuschen. Fackelträger: Cologne.

Reuter, Christoph & Mettelsiefen, Marcel (2010) : Foxtrott auf Höhe 432. Stern, 8, p. 42-49.

Rippl, Jan (2015) : Noch lange kein Alteisen. Y – Das Magazin der Bundeswehr, 1, p. 30-35.

Rogge Ronald & Rippl, Jan (2011) : Trügerische Idylle. Y – Das Magazin der Bundeswehr, 11, p. 28-35.

Schmidt, Michael (2010) : Leben am Limit Der Tagesspiegel, 19.12.2010.

Schnitt, Jonathan (2012) : Foxtrott 4. Sechs Monate mit deutschen Soldaten in Afghanistan. Bertelsmann : Munich.

Schreiber, Björn (2015) : Zivil-militärische Zusammenarbeit aus der Perspektive eines CIMIC-Truppführers, in: R. Schroeder / S. Hansen (éd.): Stabilisierungseinsätze als gesamtstaatliche Aufgabe Erfahrungen und Lehren aus dem deutschen Afghanistaneinsatz zwischen Staatsaufbau und Aufstandsbewältigung (COIN). Nomos : Baden-Baden.

Schreiber, Björn & Bohnert, Marcel (2015): Interkulturelle Kompetenz im Kontext Afghanistans. DVD and video. Helmut Schmidt University / Bundeswehr University Hamburg : Hambourg.

Schroeder, Robin & Hansen, Stefan (éd.)(2015): Stabilisierungseinsätze als gesamtstaatliche Aufgabe Erfahrungen und Lehren aus dem deutschen

Afghanistaneinsatz zwischen Staatsaufbau und Aufstandsbewältigung (COIN). Nomos : Baden-Baden.

Schwitalla, Artur (2010) . Afghanistan, jetzt weiß ich erst… Gedanken aus meiner Zeit als Kommandeur des Provincial Reconstruction Team Feyzabad. Miles : Berlin.

Seiffert, Anja & Heß, Julius (2012) : Afghanistan : Ein Einsatz verändert die Bundeswehr. Erkenntnisse aus dem Einsatz des 22. deutschen ISAF-Kontingents. If. Zeitschrift für Innere Führung, 2, p. 20-24.

Sedlatzek-Müller, Robert (2010) : Soldatenglück. Mein Leben nach dem Überleben. Edel : Hambourg.

Seliger, Marco (2017) : Der kleine Bruder des A400M. Loyal – Magazin für Sicherheitspolitik, 3, p. 8-19.

Seliger, Marco (2013) : Lektionen des Krieges. Loyal – Magazin für Sicherheitspolitik, 5, p. 14-21.

Seliger, Marco (2011) : Bundeswehr in Afghanistan. Manchmal ist das schon ein Scheißjob. Frankfurter Allgemeine Zeitung, 14.02.2011.

Seliger, Marco (2011b): Sterben für Kabul. Aufzeichnungen über einen verdrängten Krieg. Mittler: Hambourg.

Seliger, Marco (2010a): Das 20-Millimeter-Argument. Loyal – Magazin für Sicherheitspolitik, 7/8, p. 30-33.

Seliger, Marco (2010b) : Vom Kriege. Loyal – Magazin für Sicherheitspolitik, 10, p. 6-17.

Shea, Neil (2012) : Ready for a fight. German soldiers´ Afghan Mission shifts from Reconstruction and Training to Engaging Enemy. Stars and Stripes, 09.01.2012, p. 16-17.

Spangenberg, André (2011a) : Das kleine Wunder von Nawabad. Mitteldeutsche Zeitung, 26.09.2011.

Spangenberg, André (2011b) : Omed heißt Hoffnung. Bundeswehr stoppt geplante Taliban-Sommeroffensive in Kundus. dpad, 09/2011.

Weigelt, Julia (2013) : Der einsame Kämpfer. Loyal – Magazin für Sicherheitspolitik, 3, p. 6-11.

Weigt, Jürgen (2009): Wie hält man das aus? Beobachtungen aus dem Afghanistan-Einsatz. Österreichische Militärzeitschrift, 5, pp. 596-602.

GermanVeteransPublishing

Information additionnelle

Facebook.com/DerUnsichtbareVeteran

Marcel Bohnert & Björn Schreiber (Hrsg.)

Die unsichtbaren Veteranen

Kriegsheimkehrer in der deutschen Gesellschaft

Mit Geleitworten von Roderich Kiesewetter, Julia Obermeier und André Wüstner sowie einem Epilog von Reinhold Robbe

Miles-Verlag

www.Die-Neuen-Veteranen.wg.vu

Vortrag
Fotopräsentation
Diskussion

200 Tage Kunduz – Erfahrungen einer Kampfkompanie in Afghanistan

Mittwoch,
05. Dezember 2012
ab 18:30 Uhr
Hörsaal 1

der Helmut-Schmidt-Universität/
Universität der Bundeswehr Hamburg,
Holstenhofweg 85, 22043 Hamburg

Hauptmann Dipl.-Päd. Marcel Bohnert war von Juni 2011 bis Januar 2012 Chef einer Infanteriekompanie in der Task Force Kunduz. Während dieser Zeit war er mit seinen Frauen und Männern verantwortlich für die Sicherheit im Unruhedistrikt Chahar Darreh. In seinem Vortrag gewährt der Referent sehr persönliche Einblicke in den gefährlichen Alltag deutscher Soldatinnen und Soldaten in Kunduz.

www.200-Tage-Kunduz.wg.vu